Miradas de Jesús

Mi vida a la luz de sus ojos

Víctor Manuel Fernández

NARCEA, S.A. DE EDICIONES

1ª edición, junio 2025
Reimpresión, diciembre 2025

Editado y distribuido por:

© NARCEA, S.A. DE EDICIONES, 2025
Paseo Imperial 53-55. 28005 Madrid. España
www.narceaediciones.es

ISBN papel: 978-84-277-3285-8
Depósito legal: M-12875-2025

Impreso en España. Printed in Spain

Índice

QUINCE MIRADAS DE JESÚS

Recorriendo el Evangelio podemos descubrir muchas miradas de Jesús. Y es bello ponernos bajo sus ojos.

Meditando algunos textos bíblicos que nos muestran cómo miraba Jesús, podemos imaginar que nosotros ocupamos el lugar de los personajes y dejar que Jesús nos mire como los miraba a ellos.

Algunos de esos personajes podrían contarnos cómo se sintieron aceptados, acariciados o exhortados por la mirada del Señor que les cambió la vida.

Porque ciertamente, después que nos encontramos con la mirada de Jesús, la vida ya no puede ser igual.

Hagamos este recorrido profundamente espiritual por el Evangelio, y dejemos que nuestra vida sea descubierta y transformada por la luz de los ojos del Señor.

Podríamos encontrar en la Palabra de Dios otras miradas de Jesús. Yo solo he seleccionado algunas para motivarte a reconocer los ojos del Amado, y para que le permitas que contemple tu vida y la bendiga.

La primera mirada a Pedro

Jesús fijó su mirada en él y le dijo:
"Tú eres Simón, el hijo de Juan.
Tú te llamarás Cefas,
que significa Pedro".
(Jn 1, 42)

$\mathcal{S}$eñor Jesús, un día Andrés se encontró contigo, y para compartir su alegría, lo primero que hizo fue buscar a su hermano Pedro, y te lo presentó. Así, de golpe, Pedro se encontró con tus ojos. Seguramente, ya lo habías mirado varias veces desde alguna colina, mientras él recogía las redes a orillas del lago. Pero finalmente te encontraste con él, frente a frente.

¡Jamás habrá olvidado Pedro aquel primer encuentro!

Fijaste en él tu mirada y le dijiste quién era él en realidad y para qué estaba en este mundo.

Yo también un día te conocí, Señor. Alguien me habló de ti, te presentó a mi vida. En realidad muchas cosas me hablaban de ti, mientras tus ojos me contemplaban, y esperabas. Hasta que me encontré con tu mirada, y me dijiste quién soy yo para ti, cuál es mi verdad, para qué estoy aquí.

Mírame de nuevo, Señor, a los ojos, porque muchas veces vuelvo a confundirme, y creo saber quién soy y qué tengo que hacer con mi vida. Pero escapo de tu proyecto y vuelvo a mi propio camino. Escapo de mi realidad, la que tú conoces, y me destruyo. A veces presento a los demás una imagen, y me preocupo inútilmente por ser bien visto, por ser aprobado, por agradar. Y al final ni yo mismo sé quién soy en realidad; se me olvida mi propia verdad.

Mírame, Señor, y dime quién soy. Tú, que conoces mis fibras más íntimas y percibes hasta el fondo de mi ser. Tú que sabes por qué y para qué tengo este temperamento, este rostro, esta forma de pensar y de actuar. Solo tú conoces "lo que hay en el corazón humano" (Jn 2, 25), porque "los demás miran las apariencias, pero tú miras el corazón" (1 Sam 16, 7).

Mírame, Jesús, como a Pedro en aquel primer encuentro. Enséñame a descubrirme a mí mismo como tú me miras. Dame tu gracia, para llegar a ser lo que tú sabes que debo ser.

Amén.

Amor que pide más y ofrece más

Jesús fijó su mirada en él con amor, y le dijo:

"Te falta una cosa.
Anda, vende lo que tienes y dalo a los pobres,
y tendrás un tesoro en el cielo.
Luego ven y sígueme".

(Mc 10, 21)

$\mathcal{R}$ecuerdas, Señor, aquella tarde cuando un joven rico se acercó a ti. Estaba deseoso de alcanzar la vida eterna. Pero él creía que ya lo había hecho todo. Se sentía seguro, porque cumplía los mandamientos.

Pero a ti no te bastaba eso; para tu amor no era suficiente que aquel joven alcanzara la vida eterna. Querías algo más para él. Por eso fijaste en él tu mirada, amándolo. No sabemos qué habrá sentido él ante esa mirada tuya que esperaba algo más, que lo invitaba a entregarlo todo.

Amabas a aquel joven, Señor, cuando lo mirabas. Y, amándolo, le pediste lo que él no esperaba: que se liberara de todo, que no se aferrara a nada. Lo habías creado para las alturas y querías quitarle todos los pesos que le impedían volar.

Él supo de ese amor; reconoció la grandeza de tu ofrecimiento. Pero a él le bastaba con esa vida eterna que no le negaste, y no quiso más. Entristecido, regresó a sus seguridades, a sus bienes, a su vida bien organizada y planificada.

También a mí me miraste así muchas veces, Señor. También a mí me amaste tantas veces y me ofreciste algo más. Pero volví a optar por mis seguridades y comodidades.

También en este momento, Jesús, estás fijando tu mirada en mí. Otra vez me estás amando.

Esa mirada me desafía y me lanza hacia adelante.

Si no estuviera tu mirada, todo sería caos, fatalidad, oscura inseguridad. Pero si está tu mirada, sé que nada será inútil, porque tus ojos bendicen, y sacan bien también de los males.

Si tú me miras, ninguno de mis cansancios será inútil, ninguna de mis entregas o de mis sufrimientos quedará sin sentido. Eso me anima a entregar la vida por algo grande.

Señor, que ese amor tuyo, y esos ojos llenos de vida, me den las fuerzas que no tengo, la valiente generosidad que me falta. Que de tu mirada broten para mí el entusiasmo y la alegría de darte un poco más de mí. Así podré avanzar contigo, libre y liviano.

Amén.

Tus ojos apenados

Los miró con indignación, apenado por la dureza
de sus corazones.

(Mc 3, 5)

El Señor se volvió y miró a Pedro...
Y Pedro, saliendo afuera, lloró amargamente.

(Lc 22, 61-62)

Vio cómo los invitados buscaban
los primeros puestos.

(Lc 14, 7)

Señor, a veces escapo de tus ojos porque sé que hay en mí cosas que no te agradan.

Más de una vez se apoderan de mí los rencores, la envidia, la vanidad, la incapacidad de alegrarme por el bien de otros, el egoísmo que no me deja luchar por la felicidad ajena, mis resistencias a dejarme llevar por tu Espíritu, mis juicios e impaciencias con los demás.

Miraste todo eso desde la cruz. Miraste toda mi historia de rechazo, de dureza, de indiferencia ante el amor de Dios. Miraste mis malicias, mis bajezas, mi incapacidad de entregarme de verdad, mi comodidad ante el dolor de los pobres, mis excusas para mantener una vida liviana y egoísta, pensando solo en mis planes y necesidades. Y por todo eso, desde la cruz, diste tu sangre y soportaste la angustia de tu corazón herido.

Yo muchas veces me indigno ante los pecados ajenos, ante la corrupción de los políticos, ante el egoísmo de los poderosos, ante la miseria de muchos. Pero olvido que yo mismo puedo ser objeto de esa mirada de indignación. Miro la paja en el ojo ajeno sin reconocer la viga en el mío (Lc 6, 37-42). Por eso, a veces soy objeto de tu mirada apenada por mi mediocridad.

Pero tu mirada no es de rencor ni de desprecio. Es una indignación que brota de tu amor. Me quieres libre, generoso, sano, y te apenas viendo cómo desgasto tontamente mi vida.

Que tu mirada me purifique, que me limpie, que queme toda mi basura, que arranque todas las causas de mi infelicidad y de mi egoísmo, que sane las raíces de mis malas actitudes, que me libere de mi comodidad y de mis vanidades sin sentido.

Mírame, Señor, con tu infinita paciencia, pero sin dejarme postrado en la miseria. Mírame y purifica todo lo que no te agrade, porque solo de esa manera seré sano, libre, feliz.

Amén.

Cuando tus ojos
se asombran por nosotros

Vio también a una viuda de condición muy humilde,
que ponía dos pequeñas monedas de cobre, y dijo:
"Os aseguro que esta pobre viuda ha dado
más que nadie".

(Lc 21, 2-3)

Se volvió hacia la mujer y dijo a Simón:
"¿Ves a esta mujer? Entré en tu casa
y tú no derramaste agua sobre mis pies.
Ella, en cambio, los bañó con sus lágrimas y los secó
con sus cabellos".

(Lc 7, 44)

Jesús, te admiraste de la fe del centurión (Lc 7,9). Un pagano, que no tenía ninguna formación religiosa, que no conocía las Santas Escrituras, era capaz de suplicarte con una inmensa confianza, con una profunda y sincera humildad. Y con tu exquisita sensibilidad, te admiraste por la docilidad de ese corazón. Así como te admirabas de la generosidad de la viuda pobre, o del amor de aquella prostituta que lavó tus pies, o de la atención que te prestaba tu amiga María, que se sentaba a tus pies a escucharte. Y cuando escuchaste las palabras piadosas de la mujer cananea, espontáneamente le expresaste tu asombro: "Mujer, ¡qué grande es tu fe!" (Mt 15, 28).

¡Qué bueno es tener un Señor que ama a la gente, que mira con ternura esos pequeños gestos llenos de confianza de su Pueblo simple, que valora hasta un vaso de agua que demos a otro (cf. Mt 10, 42), que mira valorando, reconociendo, elogiando!

¡Qué bueno saber que ves en lo secreto y que no se te escapa ni el más pequeño gesto de bondad y de fe que pueda haber en nuestro corazón!

Tú, que eres el Santo, eres capaz de admirarte de nosotros.

¿Cómo puedo sentirme poca cosa cuando me miras así, cómo puedo pensar que nadie me tiene en cuenta, que nadie valora mis esfuerzos, si están allí esos ojos buenos?

Quiero darte gracias, Señor mío, por tu mirada, porque nadie sabe mirarme así. Porque ante tu mirada solo puedo encontrar un estímulo para ser mejor.

Gracias, porque todo lo que se escapa a la mirada del mundo está claro ante tus ojos compasivos, ante esos ojos que pueden descubrir una flor en medio de mi desierto de miserias. Mírame, Señor, con esos ojos.

Amén.

Cuando tus ojos lloraron

Jesús se conmovió
y se turbó... Y Jesús lloró.

(Jn 11, 33.35)

Cuando estuvo cerca de la ciudad,
se puso a llorar por ella, diciendo:
"¡Ojalá hubieras comprendido en este día
el mensaje de paz!"

(Lc 19, 41-42)

Señor, me conmueve imaginar tus ojos llenos de lágrimas y reconocer allí tu verdadera humanidad. Tu amor de Dios infinito se expresaba en tu carne humana hasta llegar a las lágrimas.

Lloraste la muerte de tu amigo Lázaro, y así manifestaste tu capacidad de querer de verdad, con todo tu ser; tu ternura de amigo, tu corazón vulnerable.

El Evangelio nos habla de tus lágrimas contenidas (Jn 11, 33) que finalmente estallaron (11, 35). No había nada de apariencia ni de fingimiento en ese llanto tuyo. Era tu corazón dolorido que se manifestaba sin ocultar nada.

En esas lágrimas veo tu solidaridad con nosotros, tu afectividad verdaderamente humana.

También un día te lamentaste por Jerusalén, la ciudad amada (Lc 13, 34-15). En tu corazón de judío, Jerusalén ocupaba un lugar importante. Eras heredero de una larga tradición que le cantaba a Jerusalén y a su templo: "¡Grande es el Señor y muy digno de alabanza en la ciudad de nuestro Dios, su monte santo, su altura preciosa, la alegría de toda la tierra!" (Sal 48, 2-3). "¡Vístete tus ropas de gala Jerusalén, ciudad santa!" (Is 52, 1). Jerusalén era la ciudad preferida (Sal 87, 2), la elegida por Dios (Sal 78, 68).

Precisamente por ser la ciudad amada, experimentaste un profundo dolor por su rechazo. La ciudad que desde niño habías querido con ternura era la que te despreciaba y te llevaría a la muerte. Por eso, lloraste contemplándola (Lc 19, 41).

Todo tu corazón humano vibraba con fuerza apasionada en aquel lamento, y en aquellas lágrimas de amor herido.

Señor, quiero contemplar tu corazón humano, enamorado de tu tierra y de tu pueblo, enternecido y conmovido por la ciudad traicionera, sufriendo por amor.

Por eso quiero colocarme ante tus ojos, Jesús, y dejarme contemplar con ese amor sincero y vulnerable. Toca mi corazón, Jesús, para que pueda corresponderte con mi pequeño amor.

Amén.

Ojos cautivados por tus propias criaturas

Observad los pájaros...
Observad los lirios del campo.
(Lc 12, 24-27)

Levantad la vista
y observad los campos
(Jn 4, 35)

Todo fue creado por él
y para él.
(Col 1, 16)

Señor Jesús, con tu poder divino junto con el Padre y el Espíritu, creaste el universo. Eres Señor de toda la creación.

Pero al hacerte hombre, miraste con nuestros ojos humanos la hermosura de las cosas y te admiraste por la belleza de tus propias criaturas. Te asombraste por la hermosura de los campos, de las flores, de los pájaros. Y enseñabas a tus discípulos a detenerse ante las criaturas.

En tu corazón agradecido, sabías que todas las criaturas habían sido hechas para ti, y en cada cosa veías un signo del amor del Padre.

En medio de tu camino, dedicabas tus miradas a las flores, a la hierba, al cielo, y te complacías en los colores, las formas, el brillo de las cosas. Porque "todo era muy bueno" (Gn 1, 31).

Ayúdame, Jesús, a mirar a las criaturas con tus ojos, a no pasar por encima tantos regalos del amor del Padre, a reconocer tu presencia en cada cosa. Todo te refleja, porque fue creado por ti, y en todo hay una chispa de tu luz. Tus obras están vestidas de tu hermosura.

Arranca de mi corazón el pesimismo, esa actitud negativa que mira solo las cosas negras del mundo. Devuélveme, Señor, la capacidad de asombro, los ojos de niño para mirar la vida con admiración y alegría.

No permitas, Jesús, que me prive de la danza de la vida, que desprecie las pequeñas cosas por buscar grandezas y novedades. Todo es grande y todo es novedoso, porque encierra un reflejo de ti, que todo lo renuevas y todo lo transformas.

Dame tu mirada, Jesús, para que aprenda a sentir este mundo como mi casa, el hogar que quisiste regalarme, el escenario donde se desarrolla nuestra historia de amor, donde vivimos la aventura de nuestra amistad.

Amén.

Ojos salvadores

Jesús se dio vuelta, y al verla le dijo:
"Ten confianza, hija,
tu fe te ha salvado".
(Mt 9, 22)

Al llegar al lugar,
Jesús miró hacia arriba y le dijo:
"Zaqueo, baja pronto,
porque hoy tengo que hospedarme
en tu casa".
(Lc 19, 5)

Señor amado, tu mirada poderosa es capaz de restaurar todo lo que se ha dañado, es capaz de abrir nuevos caminos en medio de la incertidumbre y del desaliento.

En tus ojos veo la verdad, el bien y la belleza que pueden cambiar el mundo. Por eso, cuando levanto la mirada, siempre encuentro una esperanza.

Sé que puedo recuperar ante tus ojos todo lo que he perdido. Sé que en tu mirada puedo alcanzar de un modo insólito todo el amor que me negaron.

¡Cuántos fracasos, cuántas desilusiones, cuántas humillaciones han ido marcando mi vida interior! Pero ante ti todo se restaura, y vuelvo a encontrar mi propia verdad, mi ser más profundo, mi fortaleza más íntima.

Ante tus ojos vuelvo a reconocer mi dignidad, mi valor, mi identidad sagrada.

Más allá de todos los golpes de la vida, para tus ojos soy siempre valioso. Mirándote, reconozco tu llamado a no bajar los brazos, a seguir adelante, a confiar en tu proyecto para mi vida.

Gracias, Señor, porque a la luz de tus ojos siempre puedo volver a empezar. Puedo bajarme del árbol y ante ti se curan todos mis complejos, porque descubro que tengo derecho a caminar por este mundo con una vida nueva.

Siempre hay un lugar para mí en esta tierra, aunque me haya equivocado, aunque haya fallado, aunque haya fracasado.

Nadie tiene derecho a negarme este espacio en el mundo, porque me has amado. Nadie puede voltear ese amor incondicional, fiel e inconmovible que veo en tus ojos.

Yo sé en quién he puesto mi confianza, y ante tus ojos siento que mi vida está salvada. Y gozo con tu alegría, colgado de tus hombros (Lc 15, 5-7).

Amén.

Cuando me llamas

Cuando estabas debajo de la higuera,
yo te vi.
(Jn 1, 48)

Mientras caminaba a orillas del mar de Galilea,
Jesús vio a dos hermanos:
a Simón, llamado Pedro, y a su hermano Andrés,
que echaban las redes al mar,
porque eran pescadores.
(Mt 4, 18)

Simón, hijo de Juan,
¿me quieres?
(Jn 21, 17)

Señor Jesús, me has ofrecido fecundidad. Me has dicho que, unido a ti, puedo dar mucho fruto (Jn 15, 5), que mi vida contigo será fecunda.

Pero para sacar lo mejor de mí me has mirado y me has llamado, me has dado una misión que debo cumplir en esta tierra.

Así como miraste a tus apóstoles y los llamaste, también para mí tienes esa mirada que elige, que invita, que llama.

Ilumíname, Jesús, para que pueda reconocer en tus ojos ese llamado de amor. Y si mi entusiasmo se ha debilitado, mírame como miraste a Pedro después de tu resurrección, pregúntame de nuevo si te quiero, y repíteme otra vez tu bendito "sígueme".

Muéstrame mi verdadera misión en esta tierra, ayúdame a reconocer las capacidades que me has dado, porque quiero dar frutos para ti y para los demás.

Derrama tu gracia con tu mirada, para que aprenda a identificarme con mi propia misión, a mirarme a mí mismo con esa misión que me confías. Ayúdame a descubrir que mi fisonomía está marcada por esa misión de iluminar, bendecir, vivificar, levantar, sanar, liberar a los hermanos (Mc 1, 17; Lc 4, 18; 5, 5-6.10; 1 Co 4, 15; 2 Co 3, 2-3).

Estoy en esta tierra para cumplir una misión, mi vida en esta tierra no se entiende sin esa misión que me confías. No dejes que te defraude, no permitas que me encierre en el desaliento.

Es bello sentirse agraciado; es precioso haber sido elegido gratuitamente, sin haberlo merecido o comprado con algo. Si en esta tierra a veces parece que todo se paga o se compra, tu llamado es una mirada gratuita de amor que me hace tiernamente feliz.

Señor, no dejes que malgaste tus dones, que desaproveche la riqueza que me has dado, que entierre los talentos que derramaste en mí.

Quiero ser fecundo para tu gloria, dejando las redes de mis comodidades y dudas, y lanzándome mar adentro. Quiero navegar bajo el impulso del Espíritu y el reconfortante aliento de tu mirada que me llama.

Amén.

Ante mis lágrimas

Al verla,
el Señor se conmovió y le dijo:
"No llores".
(Lc 7, 13)

$\mathcal{S}$eñor Jesús, un día viste una escena profundamente triste y dolorosa. Una viuda que llevaba a enterrar a un joven que era su hijo único.

Era la situación terrible de una mujer que no solo estaba desprotegida, sino que perdía lo único que le quedaba en este mundo, el único fruto de sus entrañas, el único que podía darle consuelo y ayuda.

Pero la viste, Jesús; te conmoviste, te acercaste a ella con inmensa compasión y le dijiste: "No llores". Esa viuda representa todo lo que puede sufrir un ser humano, el peor dolor, la angustia más honda de quien se queda sin ninguna ilusión en esta vida. Pero allí te haces presente, Jesús; no nos abandonas. Allí siempre, de una manera o de otra, se acerca tu amor para dar una respuesta.

Cuando algo muere, cuando algo se acaba, cuando parece que todo se cae y se termina, no dejas de mirar nuestro dolor, no se te escapa nuestro sufrimiento, no estás ausente. Por eso, si te reconocemos en nuestra vida y te dejamos actuar, siempre algo renace, siempre resucita un sueño. Nunca estás lejos; siempre hay una mirada tuya en medio del dolor, tu mano en el hombro, tus palabras, y una salida inesperada.

Ante nuestro amor insatisfecho, nuestras soledades, nuestras pérdidas, ante nuestro llanto contenido, siempre estás.

En aquella viuda sin consuelo, el pueblo mismo se veía reflejado, y en la viuda que recuperaba a su hijo, el pueblo despojado experimentaba consuelo, el pueblo mismo reconocía la visita de Dios.

Señor, hazte presente también hoy en medio de las angustias de tu pueblo; ven a consolar a los tristes y afligidos. Tú, que eres el Emmanuel, Dios con nosotros, manifiesta tu presencia llena de poder y de misericordia. No dejes de venir a secar nuestras lágrimas y a serenar nuestros corazones cansados.

Amén.

Frente a mi verdad

No necesitaba que le informaran
acerca de nadie;
él sabía lo que hay en el interior
del ser humano.

(Jn 2, 25)

*J*esús, ahora quiero permitirte que me mires como miraste a Nicodemo y a la Samaritana.

Cuando Nicodemo se acercó de noche, la oscuridad no impidió que miraras sus ojos y reconocieras sus esclavitudes.

Tenía que renacer (Jn 3, 3-7), pero él ya se había declarado muerto. Él creía que un viejo ya no puede nacer de nuevo (Jn 3, 4), ya no puede cambiar su vida, ya no puede renunciar a sus seguridades. Él no quería ver lo que tus ojos miraban, no quería reconocer las hermosas posibilidades que había dentro de su propio corazón, porque era viejo, y se había declarado muerto. No se atrevía a renacer.

Y luego, en medio de tu camino, te sentaste en el pozo de la Samaritana. Te detuviste a mirarla. Su pecado, su necesidad insatisfecha de amor, su dificultad para ser fiel a alguien, todo estaba patente ante tus ojos (Jn 4, 7-19). Pero le ofreciste el agua viva que podía saciar su sed de amor y sanar la herida de su interior (Jn 4, 14). Así, ella pudo ver en tus ojos su propia verdad, y aceptó la alianza de amor que le ofrecías.

Aquí estoy, Jesús, ante tus ojos. Aquí está mi verdad. Aquí están mis falsas seguridades, mis esquemas intocables, mi vida acomodada, como la de Nicodemo.

Aquí estoy, como la Samaritana, esclavo de mis necesidades de afecto, vendiéndome para tener la aprobación y el cariño de los demás, escondiendo en el placer las heridas profundas de mi vida.

Aquí estoy ante tus ojos, Jesús, para que tu mirada me muestre mi propia verdad y me sane. Para renovar mi alianza contigo y saciarme con tu agua viva.

Ante tus ojos mi miseria no es tan terrible, ya no necesito esconderla ni escapar de mí mismo.

Mírame, Jesús, y derrama tu gracia que me transforme, que me renueve, que me libere, que me brinde el coraje para nacer de nuevo.

Amén.

Ojos que me levantan

Jesús la tomó de la mano y la llamó diciéndole:
"Niña, ¡levántate!"
(Lc 8, 54)

Levántate, amada mía, y ven, hermosa mía.
Porque ha pasado el invierno.
(Ct 2, 10)

Jesús, tu mirada es de amor, es paz, es consuelo. Tu mirada es alivio, es bálsamo, es refugio, es descanso.

Pero tus ojos también contienen un poder infinito, tus ojos son vida y potencia, son fortaleza. Tienen el impulso que puede levantar al que está caído y lanzarlo de nuevo en el camino. Tienen la fuerza, la firmeza que necesitamos para mantenernos en pie en medio de las peores tormentas, para caminar sobre las aguas que nos dan miedo, para levantarnos cuando estamos cayendo en las profundidades del abismo.

Tus ojos no son débiles, Jesús.

Por eso, cuando viste a la niña tendida, le lanzaste tu invitación a la vida: "¡Niña, levántate!". También a nosotros nos lanzas tu desafío:

"¡No te quedes postrado, has sido creado para la vida! ¡Retoma el camino una vez más! ¡Aquí estoy contigo!".

Cuando te acercaste a Pedro caminando por las aguas, lo miraste y le dijiste: "¡Ven!", y Pedro, mirando tus ojos, pudo caminar hacia ti por encima de las aguas. Cuando retiró su mirada de tus ojos y comenzó a mirar la violencia de las olas, empezó a hundirse en el mar. Pero una vez más lo levantaste con tu poder (Mt 14, 28-31).

No dejes, Jesús, que aparte mi mirada de tus ojos, para que no me hunda en la miseria, en el cansancio, en el miedo, en el egoísmo, en la tristeza, en el desaliento. En tu mirada de resucitado veo que yo mismo he triunfado, y recibo toda la fuerza que necesito.

Y si me caigo una vez más, no me dejes postrado. Levántame poderosamente con tu mirada gloriosa.

Porque tus ojos no son frágiles, no consienten el desaliento y la muerte, siempre llaman a la vida. No es posible mirarte y arrojarse en los brazos de la muerte. No es posible levantar los ojos y quedarse postrado. Por eso, Jesús, si ves que estoy muriendo o cayendo en el abismo, y no te miro, levanta mis ojos con tu poder.

Amén.

Cuando busco tu ayuda

Jesús le preguntó:
"¿Qué quieres que haga por ti?"
(Mc 10, 51)

Jesús les tocó los ojos.
(Mt 9, 29)

Le puso los dedos en las orejas
y con su saliva le tocó la lengua.
(Mc 7, 33)

$\mathcal{S}$eñor Jesús, quisiera ponerme ante tus ojos como tantos enfermos que curaste, como tantos seres necesitados que se acercaron a buscar tu ayuda.

Vengo a colocar ante tus ojos todas mis necesidades: mis enfermedades, mis problemas, mis inquietudes más profundas. Quizás no me concedas exactamente lo que te pido, pero mi corazón estará más seguro si te presento mis inquietudes, sabiendo que todo queda en tus manos generosas.

Cuando me acerco a buscar tu ayuda, sé que lo que más necesito es tu amistad, tu fuerza, tu luz, tu presencia. Ninguna dificultad se vive de la misma manera cuando la he compartido contigo, cuando la he colocado bajo la luz de tus ojos.

Contemplo cómo te comunicabas con el sordomudo a través del tacto, tocando sus oídos y su lengua. Tus dedos expresaban la cercanía del amor que se hace íntimo. La saliva que colocaste en su lengua es expresión de gran ternura. Nosotros limpiamos con nuestra propia saliva las cosas que amamos y los niños que son parte de nuestra vida y de nuestro corazón. Eso haces tú con nosotros.

Toca mis oídos, Señor, para que pueda escucharte; toca mi lengua para que pueda hablar de ti y comunicar tu amor a los demás; toca mis ojos para que pueda reconocer los tuyos. Porque todo mi ser está hecho para el encuentro contigo y para reflejar tu amor.

Aun cuando yo no puedo ver tus ojos, miras mis ojos ciegos y los tocas con tus dedos, para que pueda verte. Curas mi ceguera con tus gestos de amor.

Aunque no me concedas todo lo que te pido, aunque no confirmes todos mis planes, aunque no me liberes de todas mis dificultades, lo cierto es que tu amor me toma en serio, que cargas conmigo mis problemas.

Me das signos de tu amistad para que pueda salir adelante. Por eso, Señor amado, dejo toda mi vida, todas mis enfermedades y dificultades bajo tu luz.

Amén.

Cuando miro
tu vida

¡Dichosos vuestros ojos,
porque ven esto!
(Mt 13, 16)

Mis ojos han visto
la salvación.
(Lc 2, 30)

Al ver esto,
todo el pueblo alababa a Dios.
(Lc 18, 43)

*J*esús, ahora quisiera mirarte a ti. Olvidar por un momento mi propia vida y contemplar la tuya.

Señor, en tus ojos veo tu propia historia, y quiero guardar en mi corazón, como María, esas escenas preciosas de tu vida.

En tus ojos está todo lo que has vivido por amor, y quiero verme junto a ti mientras contemplo esos momentos santos.

Quiero contemplar tu pequeñez en Belén, tu vida oculta en Nazaret, cuando creciste en la intimidad de tu hogar maravilloso, quiero mirar tus manos de carpintero, tu preciosa enseñanza, tu valentía, tu misericordia, tu cercanía con los pobres, tu paciencia con los discípulos, tu pobreza, tu entrega en la cruz. Quiero reconocer la belleza que manifestaste en tu vida y dejar que brote la admiración y la adoración.

Ante tantos falsos redentores, ante tanta mentira, corrupción y mediocridad, quiero ser un discípulo deslumbrado por su Maestro.

Mirándote advierto que es mejor estar contigo que lejos de ti. Nada me conviene tanto como tener mi vida bajo tus ojos.

Por eso te ruego, Jesús, que sanes esa mala imagen que tengo de ti y que a veces me aleja de tu presencia. Porque a veces siento que tu mirada me puede absorber, me puede quitar la libertad.

Ayúdame a experimentar profundamente que tu mirada es la única que puede hacerme libre, porque tus ojos miran con infinito respeto, tolerando con inmensa ternura todos mis rechazos, todas mis miserias.

Tu mirada tiene el brillo de alguien que ama paciente y dulcemente, como una madre, como un amigo del alma.

Por eso, sana Jesús ese tonto temor que a veces te tengo, y ayúdame a aflojarme, a soltarme con confianza bajo la luz de tus ojos.

Amén.

Cuando me siento pobre

Entonces Jesús fijó la mirada en sus discípulos
y les dijo:

"¡Dichosos los pobres,
porque el reino de Dios les pertenece!"

(Lc 6, 20)

Al ver a la multitud tuvo compasión,
porque estaban fatigados y abatidos,
como ovejas que no tienen pastor.

(Mt 9, 36)

Cuando me siento pobre, cuando creo que soy muy pequeño, cuando los problemas me superan, cuando no sé cómo actuar, cuando me parece que el mundo se ha olvidado de mí y esta tierra no es mi casa, cuando no puedo conseguir lo que necesito... En definitiva, cuando me siento verdaderamente pobre, entonces puedo levantar los ojos y reconocer los tuyos.

También en mí fijas tu mirada y me dices: "¡Felices los pobres!"

Hay en tu corazón una ternura especial con las personas que se sienten pequeñas, con los que no tienen poder en este mundo, con los que no tienen nada a qué aferrarse.

Cuando nos sentimos pobres, se abre un espacio donde puede entrar tu amor. El corazón reconoce que te necesita, que solo no puede, que le hace falta tu fuerza, tu presencia, tu apoyo, y escucha tus palabras: "No temas, pequeño rebaño" (Lc 12, 32).

Por eso, hoy que me siento pequeño y pobre, quiero permitirte una vez más que fijes en mí tu mirada amable y compasiva. Aquí están, ante tus ojos, todas mis debilidades, toda mi pequeñez. Lléname de confianza con tu mirada. Derrama en mí ese cariño que reservas para los pobres, y regálame esa felicidad simple y radiante que solo el pobre puede experimentar. Si toda la confianza se deposita en tu mirada, brota la verdadera alegría.

Cuando me siento descuidado, olvidado, cuando me duelen los fracasos y el orgullo herido, y vuelvo a reconocer que no soy tan grande como pensaba, ¡qué precioso es dejarse estar ante esa mirada tuya! ¡Qué verdadero reposo para el corazón humillado y dolorido! ¡Qué aliento para quien siente que no vale nada y descubre ante tus ojos el llamado a la vida!

Pero también quisiera, Jesús, que me prestaras tu mirada, para que también yo pueda contemplar a los pobres de esa manera. Para que los débiles y pequeños sean muy valiosos ante mis ojos. Para que me atreva a detener mi mirada en ellos, y así, a través de mis ojos, derrames en ellos tu amor y tu esperanza.

Amén.

Ojos para el Padre

Jesús levantó los ojos al cielo y dijo:
"Padre".
(Jn 11, 41; 17, 1)

Mi alimento es hacer la voluntad
del que me envío.
(Jn 4, 34)

El que me mira,
ha visto al Padre.
(Jn 14, 9)

Sus ojos eran para el Padre, eran suyos. Porque tu corazón estaba siempre cautivado por ese abismo de vida, de luz y de poder que es tu Padre. Tu intimidad estaba repleta de un ansia incontenible por el encuentro con el Padre. Su amor era tu agua, su voluntad era tu alimento.

Desde toda la eternidad vivías en relación perfecta con el Padre, porque esa es tu identidad más profunda. Por eso tu corazón humano vivía orientado al Padre: pensabas en él, te entregabas a él, hablabas de él, y cuando enseñaste a orar nos pediste que dijéramos ante todo "Padre".

Por encima de las inclinaciones y deseos de tu psicología, estaba siempre la amada voluntad del Padre, también en la angustia de la Pasión.

Y tu muerte fue entregarte confiado en los brazos del Padre querido.

El Padre era el sentido más profundo de tu existencia, y por eso deseabas ardientemente que nosotros volviéramos nuestros ojos al Padre, que nos reconciliáramos con

Él, que lo buscáramos. En tu amor a nosotros sabías que no hay nada mejor para nuestras vidas que entregarnos con confianza al Padre, a la fuente última de toda vida y de toda felicidad.

Toca mi mirada, Jesús, para que tus ojos se vuelvan al Padre, para que también yo eleve frecuentemente mis ojos al Padre, como lo hacías tú, para que lo busque en el secreto de mi interior, para que me apasione cumplir su voluntad santísima, para que me entregue en sus brazos con la misma confianza, para que mis ojos sean suyos, sin temor, sin dudas, sin reservas.

Amén.

¿Qué saben ellos?

¿Qué se imaginan los demás de
todo lo que me dice esa mirada tuya?

¿Acaso alguien sospecha,
o conjetura
qué misiles de amor me lanzan esos ojos?

Nadie advierte
qué dulce brisa,
qué intenso aroma
y qué suave caricia
me llegan por el aire
cuando pasas despacio
y, con gran disimulo,
me queman tus pupilas.

No lo perciben.
Pero si advierten
que de un momento a otro
una luz me ha tocado,
y quizás se pregunten
de dónde vienen
mi encanto repentino,
mi sonrisa amable,
mis palabras mansas.

Eso y mucho más
me dejan tus ojos
cuando calladamente miran.
Nadie lo sabe, amor,
nadie lo sabe.
Todo lo que veo
Cuando te miro a los ojos
veo una playa escondida,
una cueva perfecta bañada por el mar,
allí donde nadie, nadie
puede llegar.

Pero sin tus ojos, sin tu luz,
¿qué puedo ver, lámpara mía?

Nada más que mis límites,
mi cerrado horizonte,
mis paredes,
mis sombras.
Mírame otra vez,
porque entonces
se rompen mis límites,
mi horizonte se hace inabarcable,
caen mis paredes grises
y mis sombras se hacen destellos luminosos.

Mírame de nuevo,
y podré ver
que, dentro de mí mismo,
hay una isla oculta,
una playa desierta,
un paraíso que se esconde
cuando cierras tus ojos.

Abre tus ojos, amor,
y devuélveme así
mi propio cielo.

Tantas miradas

Te diré cómo te miro.

Te miro como aquel
que puede soportar
el hambre, la sed y la miseria,
porque lo sostiene un sueño.

Te miro como un niño pequeño
que solo no puede,
que sin ti desespera.

Te miro como un compañero
de camino,
así, de reojo,
sintiéndome seguro
porque vas conmigo,
porque estás ahí.

Te miro como un pobre mendigo
buscando un poco de ternura
a los pies de tu mesa generosa.

Te miro como un explorador inquieto,
ansioso por descubrir un poco más
del misterio que escondes.

Te miro como un cómplice feliz,
guiñándote un ojo,
porque hay muchas cosas
que solo tú y yo sabemos.